辞書を引こう

★ 辞書を使って，次の文に含まれる appointments の意味を調べてみよう。

I had many **appointments** yesterday.

STEP 1 変化している語は元の形にしよう

❶ 複数形は単数形に　　　　appointments ➡ appointment

❷ 動詞は原形に　　　　　　uses ➡ use，used ➡ use

❸ 比較級・最上級は原級に　busier ➡ busy

STEP 2 アルファベット順に単語をさがそう

辞書の横についているアルファベットを見て，最初の文字の a の部分を開こう。

開いたページのいちばん上の単語の2番目の文字と，調べたい単語の2番目の文字 p を比べよう。

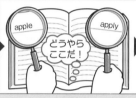

なければほかのページへ。あったら3番目の文字同士も比べよう。

そのページが見つかったら，その中でさがそう。

STEP 3 辞書の表記を確認しよう

見出し語　　発音記号・アクセント　　例文と訳

意味

ap・point・ment　[əpɔ́intmənt]

名 ❶ U　**任命**，指名：We approved of the *appointment* of Mike as captain.
私たちはマイクをキャプテンに任命することに賛成した。

❷ C U　(面会の)**約束**，(医師などの)予約：I *made an appointment with* Mr. Brown.　私はブラウン氏と会う日時を決めた。

by appointment　(日時を)約束したうえで，予約したうえで

関連熟語と訳

記号

名 名詞　C 数えられる名詞
U 数えられない名詞
代 代名詞　動 動詞
形 形容詞　副 副詞
前 前置詞　接 接続詞

TRY ★ 辞書を使って次の単語の品詞と意味を調べて，(　　)内に書きなさい。

(1) imitate　(品詞：　　　　意味：　　　　　　　　　　)

(2) cereal　(品詞：　　　　意味：　　　　　　　　　　)

(3) accurate　(品詞：　　　　意味：　　　　　　　　　　)

(4) thoroughly　(品詞：　　　　意味：　　　　　　　　　　)

1

1 動詞の現在形

1 be-動詞の現在形，There is [are] ....の文

① I **am** Ken.　　　　　　　　　　　　　私はケンです。

② There **are** some CDs on the desk.　　　机の上に何枚かの CD があります。

★ be-動詞の現在形：「…である」「…がいる」という意味を表す。主語が「私」のときは am，「あなた」や複数のときは are，「私」や「あなた」以外で単数のとき（3 人称・単数）は is となる。

★ There is [are] ... 〜. の文：「〜に…がある [いる]」という意味を表す。be-動詞は，あとに続く名詞が単数のときは is，複数のときは are となる。

STEP 1 ドリル問題　日本語に合うよう，（　　）内から適切なものを選びなさい。

(1) They (am, is, are) students.　　　　　彼らは学生です。

(2) That dog (am, is, are) very cute.　　　あのイヌはとてもかわいいです。

(3) I (am, is, are) in Tokyo now.　　　　　私は今，東京にいます。

(4) There (am, is, are) a picture on the wall.　　壁に一枚の絵がかかっています。

(5) There (am, is, are) three girls in the room.　　その部屋に 3 人の女の子がいます。

(6) There (am, is, are) a lot of children there.　　そこにはたくさんの子どもがいます。

2 一般動詞の現在形

① I **like** soccer very much.　　　　私はサッカーがとても好きです。

② Jim often **goes** to the park.　　　ジムはよくその公園に行きます。

★ be-動詞以外の動詞のことを一般動詞という。一般動詞の現在形は，主語が 3 人称・単数のときには s や es をつける。

❶ ふつうの場合：s をつける　　　　　　　　　　　　eat ➡ eats

❷ -s, -x, -sh, -ch, -o で終わる語：es をつける　　teach ➡ teaches

❸ y で終わる語：y を i に変えて es をつける　　　　cry ➡ cries

❹ その他　　　　　　　　　　　　　　　　　　　　have ➡ has など

STEP 1 ドリル問題　次の動詞に 3 人称・単数・現在の -s，-es をつけなさい。

(1) drink　　　（　　　　　　）　　(2) do　　　　　（　　　　　　）

(3) mix　　　　（　　　　　　）　　(4) reach　　　（　　　　　　）

(5) live　　　　（　　　　　　）　　(6) want　　　（　　　　　　）

(7) try　　　　（　　　　　　）　　(8) run　　　　（　　　　　　）

(9) make　　　（　　　　　　）　　(10) study　　　（　　　　　　）

STEP 2 Exercises

1 絵に合うよう（　　）に適語を書き，There is [are] ... ～の文を完成させなさい。

(1) There (　　　　　) a box on the table.

There (　　　　　) two (　　　　　) in the box.

(2) There (　　　　　) a (　　　　　) by the tree.

There (　　　　　) three (　　　　　) on the bench.

2 日本語に合うよう，（　　）に入る適語を書きなさい。

(1) My sister (　　　　　　) her car on Sundays.

妹は毎週日曜日に車を洗います。

(2) They (　　　　　　) Yuki's friends.

彼女たちはユキの友だちです。

(3) Mt. Fuji (　　　　　　) 3,776 meters high.

富士山は高さ3,776メートルです。

(4) Judy (　　　　　　) a lot about Japanese cultures.

ジュディは日本の文化についてたくさん知っています。

(5) My mother and I often (　　　　　　) shopping at the store.

私の母と私はよくその店に買い物に行きます。

(6) He (　　　　　　) English and French.

彼は英語とフランス語を話します。

STEP 3 Daily English ▶STEP 1，2 で学んだ文法を使った日常会話を読もう！

◆ 日本語に合うよう，（　　）内から適切なものを選びなさい。

A : There is someone outside the door.　ドアの外に誰かいるよ。

B : It ①(is, are) strange.　It's already dark outside.

おかしいわね。もう外は暗いわよ。

A : It's Pochi!　I ②(think, thinks) he is hungry.

ポチだ！　お腹が減っているみたい。

B : OK, come in Pochi!　いいわよ，ポチ，入りなさい。

2 動詞の過去形

1 be-動詞の過去形

① I **was** tired. 私は疲れていました。

② Mary **was** in the library. メアリーは図書館にいました。

③ They **were** soccer players. 彼らはサッカー選手でした。

★ be-動詞の過去形：「…だった」「…にいた」という意味を表す。
★ 主語が「私」や 3 人称・単数のときは was，「あなた」や複数のときは were を使う。

STEP 1 ドリル問題 日本語に合うよう，（ ）内から適切なものを選びなさい。

(1) He (was, were) happy at that time. そのとき彼は幸せでした。

(2) I (was, were) free yesterday. 私は昨日，ひまでした。

(3) We (was, were) in the same class last year. 私たちは昨年，同じクラスでした。

(4) They (was, were) in the gym after school. 彼らは放課後に体育館にいました。

(5) Her bag (was, were) on the chair. 彼女のかばんはいすの上にありました。

(6) My father (was, were) a teacher a long time ago. 私の父は，ずっと昔は教師でした。

(7) Jim (was, were) a junior high school student last year.

ジムは昨年，中学生でした。

2 一般動詞の過去形

① We **visited** Kyoto last month. 私たちは先月，京都を訪れました。

② Yuki **bought** a book at the store. ユキはその店で本を買いました。

★ 一般動詞の過去形：「〜した」という意味を表し，-ed で終わるものや，不規則に変化するものがある。

❶ ふつうの場合：ed をつける call ➡ called

❷ e で終わる語：d をつける love ➡ loved

❸ y で終わる語：y を i に変えて ed をつける cry ➡ cried

❹ その他 stop ➡ stopped など

STEP 1 ドリル問題 次の動詞を過去形にしなさい。

(1) drink ( ) (2) cook ( )

(3) stay ( ) (4) study ( )

(5) plan ( ) (6) take ( )

(7) do ( ) (8) write ( )

(9) catch ( ) (10) read ( )

STEP 2 Exercises

Hints

1 (）に入る適語を was，were から選んで書きなさい。

1

(1) It （　　　　　） sunny last Sunday.

(2) She （　　　　　） interested in basketball then.

(3) He （　　　　　） at home an hour ago.

(4) Miki and I （　　　　　） members of the art club last year.

(5) There （　　　　　） many apples in the box.

(6) There （　　　　　） a man in front of my house.

(4) 主語が Miki and I で あることに注意して動 詞を選ぶ。

(6) in front of ... 「…の 前に」

2 日本語に合うよう，（　　）に入る適語を書きなさい。

2

(1) We （　　　　　） a baseball game yesterday.
   私たちは昨日，野球の試合を見ました。

(2) They （　　　　　） their trip last summer.
   彼らはこの前の夏に旅行を楽しみました。

(3) I （　　　　　） up at six this morning.
   私は今朝，6時に起きました。

(4) We （　　　　　） breakfast at seven yesterday morning.
   私たちは昨日の朝，7時に朝食を食べました。

(5) Mike （　　　　　） his hands before dinner.
   マイクは夕食の前に手を洗いました。

(6) Ken （　　　　　） the window last Wednesday.
   ケンはこの前の水曜日に窓を割りました。

(7) Shiho and Yumi （　　　　　） Ms. White after school.
   シホとユミは放課後に，ホワイト先生を手伝いました。

●過去を表す語句
・yesterday「昨日」
・last ...「この前の…」

(1)(2)(5)(7) 規則動詞の過 去形の作り方 ➡ p.4− **2** 参照

(3)(4)(6) 不規則動詞の過 去形 ➡ p.40「動詞の 不規則変化」参照

(3) get up「起きる」

(4) yesterday morning 「昨日の朝」

STEP 3 Daily English ▶STEP 1，2 で学んだ文法を使った日常会話を読もう！

◆ 日本語に合うよう，（　　）内から適切なものを選びなさい。

A：I ①(go，went) to Australia last summer.
   この前の夏にオーストラリアに行ったよ。

B：Great!　How ②(was，were) it?　すごい！　どうだった？

A：Wonderful!　I saw koalas.　But all of them were sleeping.
   すばらしかった！　コアラを見たよ。でも彼らはみんな眠っていたんだ。

B：I heard koalas sleep 20 hours a day.　コアラは1日に20時間眠るって聞いたよ。

3 否定文，疑問文

1 否定文

① **I'm not** Nancy. 　　　　私はナンシーではありません。

② They **don't** like dogs. 　　彼らはイヌが好きではありません。

★ be-動詞の否定文：〈主語＋be-動詞＋not ...〉「(主語)は…ではありません(でした)」
　・短縮形：isn't(＝is not)，aren't(＝are not)，wasn't(＝was not)，weren't(＝were not)
★ 一般動詞の否定文：〈主語＋do [does, did] not＋動詞の原形 ...〉「(主語)は～しません(でした)」
　・短縮形：don't(＝do not)，doesn't(＝does not)，didn't(＝did not)

STEP 1 ドリル問題 （　　）内から適切なものを選びなさい。

(1) This camera (am not, isn't, aren't) new.

(2) He (wasn't, weren't) in the room.

(3) I (don't, doesn't) have any pets.

(4) He (don't, doesn't) watch TV in the morning.

(5) She (don't, doesn't, didn't) do her homework yesterday.

2 疑問文

① **Is** Ken from Nara? 　　　　ケンは奈良出身ですか。

　－ Yes, he **is**. 　　　　　　－ はい，そうです。

② **Does** Mary know him? 　　メアリーは彼を知っていますか。

　－ No, she **doesn't**. 　　　－ いいえ，知りません。

★ be-動詞の疑問文：〈be-動詞＋主語 ...?〉「(主語)は…ですか[でしたか]」
★ be-動詞の疑問文には，〈Yes, 主語＋be-動詞.〉か〈No, 主語＋be-動詞＋not.〉で答える。
★ 一般動詞の疑問文：〈Do [Does, Did]＋主語＋動詞の原形 ...?〉「(主語)は～しますか[しましたか]」
★ 一般動詞の疑問文には，〈Yes, 主語＋do [does, did].〉か〈No, 主語＋do [does, did] not.〉
　で答える。

STEP 1 ドリル問題 （　　）内から適切なものを選びなさい。

(1) (Am, Is, Are) he a teacher? － Yes, he (am, is, are).

(2) (Was, Were) there any children in the park? － No, there (wasn't, weren't).

(3) (Was, Were, Is, Are) you in the shop then? － No, I wasn't.

(4) (Do, Does, Did) he swim yesterday? － Yes, he (do, does, did).

(5) Did Ken and Mary live in Tokyo then? － No, they (don't, doesn't, didn't).

(6) (Do, Does, Did) you get up at seven every morning? － No, I don't.

STEP 2 Exercises

Hints

1 (1)(2)の文を否定文に，(3)(4)の文を疑問文に書きかえるとき，(　　)に入る適語を書きなさい。

(1) I was interested in art.

→ I (　　　　　) (　　　　　) interested in art.

(2) He bought a bag at the shop.

→ He (　　　　　) (　　　　　) a bag at the shop.

(3) Tom is a student of this school.

→ (　　　　　) (　　　　　) a student of this school?

(4) They walk in the park every day.

→ (　　　　　) they (　　　　　) in the park every day?

1
(1)(3)は be-動詞の文，
(2)(4)は一般動詞の文で
あることに注意する。

(1) be interested in ...
「…に興味がある」

2 日本語に合うよう，(　　)内の語を並べかえなさい。

(1) (you / last / busy / were / Sunday)?

あなたはこの前の日曜日，忙しかったのですか。

_____?

(2) (school / doesn't / to / Kumi / bus / go / by).

クミはバスで学校に行きません。

_____.

(3) (play / did / yesterday / they / baseball)?

彼らは昨日，野球をしましたか。

_____?

(4) (a / not / I'm / swimmer / good).

私は泳ぐのが上手ではありません。

_____.

2
(1)(3)「…でしたか」，「～
しましたか」と過去の
ことをたずねる文。
(2)(4)「～しません」，「…
ではありません」と現
在のことを否定する文。

(2) 〈by＋乗り物〉「(乗
り物)で」

STEP 3 Daily English ▶STEP 1, 2 で学んだ文法を使った日常会話を読もう！

◆ 日本語に合うよう，(　　)内から適切なものを選びなさい。

A: I called Ken, but he ①(wasn't, weren't) at home.

ケンに電話したけど，家にいなかったんだ。

B: Really? Did you ②(called, call) him on his cell phone?

本当？　彼の携帯電話に電話したの？

A: No. I ③(don't, doesn't) know his cell phone number.

いや。彼の携帯電話の番号を知らないんだ。

7

4 疑問詞疑問文，間接疑問文

1 疑問詞疑問文

① **What** is your favorite sport?   あなたの大好きなスポーツは何ですか。

   − It is baseball.   − 野球です。

② **How** did you come to school?   あなたはどうやって学校に来ましたか。

   − I came here by bus.   − 私はここへバスで来ました。

★ 「何」や「どこに」などとたずねるときは疑問詞を使う。

❶ what	「何（が，を）」	❷ who	「だれ（が）」
❸ where	「どこ（へ，に）」	❹ when	「いつ」
❺ why	「なぜ」	❻ how	「どうやって」「どんな様子で」
❼ whose	「だれの（もの）」	❽ which	「どちら（の）」

STEP 1 ドリル問題 日本語に合うよう，（　　）内から適切なものを選びなさい。

(1)（ When, What ）did you do last night?   あなたは昨夜，何をしましたか。

(2)（ Who, What ）wrote this book?   だれがこの本を書きましたか。

(3)（ When, Where ）does he live?   彼はどこに住んでいますか。

(4)（ When, Where ）did you arrive here?   あなたはいつここに着きましたか。

(5)（ Whose, Which ）cake do you want?   あなたはどちらのケーキがほしいですか。

2 間接疑問文

① I know **what** he wants.   私は彼が何をほしいのか知っています。

② Do you know **who** made this?   あなたはだれがこれを作ったか知っていますか。

★ 疑問詞で始まる疑問文は〈疑問詞＋主語＋動詞 ...〉の形にして，文の一部として埋め込むことができる。主語をたずねる疑問詞の場合は〈疑問詞＋動詞 ...〉のまま。

What does he want?	Who made this?
↓	↓
I know 〔what he wants〕.	Do you know 〔who made this〕?
〈疑問詞＋主語＋動詞 ...〉	〈疑問詞＋動詞 ...〉

STEP 1 ドリル問題 （　　）内から適切なものを選びなさい。

(1) I know who (is he, he is).

(2) She didn't know what (should she say, she should say).

(3) Do you know who (cooked lunch, you cooked lunch)?

(4) I want to know where (he bought, did he buy) the watch.

1 次の対話文が成り立つよう，（　）に適する疑問詞を書きなさい。

(1) (　　　　　　　) is your birthday?

－ October 11.

(2) (　　　　　　　) came to the party?

－ Nancy and John did.

(3) (　　　　　　　) do you practice soccer so hard?

－ Because I want to be a good player.

(4) (　　　　　　　) did you go last summer?

－ We went to Canada.

1
答えの文に注目。それ
ぞれ，
(1)「日付」
(2)「人」
(3)「理由」
(4)「場所」
について答えている。

2 日本語に合うよう，（　）内の語句を並べかえなさい。ただし，what，why，when，how から適語を加えること。

(1) I don't know (her car / sold / Mary).

私はなぜメアリーが車を売ったのかわかりません。

I don't know ＿＿＿＿＿＿＿＿＿＿＿＿＿＿＿＿＿＿＿ .

(2) Do you know (time / is / it) now?

あなたは今何時かわかりますか。

Do you know ＿＿＿＿＿＿＿＿＿＿＿＿＿＿＿ now?

(3) Tell me (will / she / go) there.

彼女がどのようにしてそこへ行くつもりか私に教えて。

Tell me ＿＿＿＿＿＿＿＿＿＿＿＿＿＿＿ there.

(4) I want to know (Mike / come / will / to school).

私はマイクがいつ学校に来るのか知りたいです。

I want to know ＿＿＿＿＿＿＿＿＿＿＿＿＿＿＿ .

2
与えられた日本語の，
(1)「なぜ」
(2)「何時」
(3)「どのようにして」
(4)「いつ」
に注目すること。

間接疑問文は，疑問
詞のあとに〈(主語
＋)動詞 …〉と続く
ことに注意する。

STEP **3** **Daily English** ▶STEP 1，2 で学んだ文法を使った日常会話を読もう！

◆ 日本語に合うよう，（　）内から適切なものを選びなさい。

A : Hey, do you know ①(when, where) Leo is?

ねえ，レオがどこにいるか知っている？

B : Well ..., look!　He's on the tree!　ええと，見て！　木の上にいるよ。

A : I don't know ②(what, why) he went there.

なぜそこへ行ったのかわからないわ。

B : What can we do?　どうしたらいいかな？

9

5 命令文

1 肯定命令文

① **Look** at this picture.　　この絵を見なさい。

② **Be** quiet, **please**.　　静かにしてください。

★「〜しなさい」という命令文は，動詞の原形で文を始める。be-動詞の場合は Be で文を始める。

★「〜してください」とていねいに言う場合は，please を使う。

STEP 1　ドリル問題　日本語に合うよう，（　）内から適切なものを選びなさい。

⑴ (Clean, Cleans, Cleaning) your room.　　　自分の部屋を掃除しなさい。

⑵ (Dance, Danced, Dancing) with me, please.　私といっしょに踊ってください。

⑶ (Are, Is, Be) kind to others.　　　　　　他人に親切にしなさい。

⑷ (Is, Be please, Please be) quiet here.　　ここでは静かにしてください。

2 否定命令文

① **Don't enter** the room.　　その部屋に入ってはいけません。

② **Don't be** late.　　遅れてはいけません。

★「〜してはいけません」という否定の命令文は，〈Don't＋動詞の原形 ...〉で表す。

★「〜しないでください」とていねいに言う場合は，please を使う。

STEP 1　ドリル問題　日本語に合うよう，（　）内から適切なものを選びなさい。

⑴ (Run, Don't run, Please run) in the room.　　部屋の中で走ってはいけません。

⑵ (Open, Don't, Please don't open) the window.　窓を開けないでください。

⑶ (Be, Don't be, Please be) late for school.　　学校に遅刻してはいけません。

3 Let's 〜. の文

① **Let's play** tennis.　　テニスをしましょう。

★「〜しましょう」と相手を誘うときは，〈Let's＋動詞の原形 ...〉の文で表す。

STEP 1　ドリル問題　（　）内から適切なものを選びなさい。

⑴ Let's (go, going) shopping.

⑵ Let's (swim, swum) in the river.

⑶ Let's (singing, sing) together.

STEP 2 Exercises

Hints

1 日本語に合うよう，（　　）に適語を書きなさい。

1
(1)～(3)「～しなさい」と命令する文。

(1) （　　　　　　　） to the teachers' room.

　　職員室に来なさい。

(2) Please （　　　　　　　） Judy.

　　ジュディに電話してください。

(3) （　　　　　　　） careful when you ride a bike.

　　自転車に乗るときは注意しなさい。

(4)(5) 否定命令文となる。

(4) （　　　　　）（　　　　　　） pictures in this museum.

　　この美術館の中で写真を撮ってはいけません。

(5) Please （　　　　　）（　　　　　） about me.

　　私のことは心配しないでください。

(6)「～しましょう」と誘う文。

(6) （　　　　　）（　　　　　） in front of the bookstore at ten.

　　10時に書店の前で会いましょう。

2 日本語に合うよう，（　　）内の語や符号を並べかえなさい。

2

(1) (here / come / don't).　ここに来てはいけません。

　　_____ .

(2) 文末に please を置くときは，その前にコンマを置く。

(2) (close / the / please / door / ,).　ドアを閉めてください。

　　_____ .

(3) Please (show / your / me / ticket).　切符を見せてください。

　　Please _____ .

(4) (go / in / out / let's) the afternoon.

　　午後に外出しましょう。

　　_____ the afternoon.

STEP 3 Daily English ▶STEP 1, 2 で学んだ文法を使った日常会話を読もう！

◆ 日本語に合うよう，（　　）内から適切なものを選びなさい。

A: Nancy, ①(go, let's go) to the amusement park next Sunday.

　　ナンシー，今度の日曜日に遊園地に行きましょう。

B: Yes!   How about ...　行こう！　そしたら…

C: Excuse me. ②(Don't, Please) speak quietly.   My baby

　　is sleeping.　すみません。静かに話してもらえますか。赤ちゃんが眠っているの。

B: Oh, we're sorry.　ああ，ごめんなさい。

11

6 進行形

1 現在進行形

① I **am studying** English now. 　　　　　私は今，英語を勉強しています。

② It **is not raining** now. 　　　　　　　今，雨は降っていません。

③ **Are** you **waiting** for Tom now? 　　　　あなたは今，トムを待っているのですか。

　－ Yes, I **am**. / No, I'**m not**. 　　　　－ はい，そうです。／いいえ，ちがいます。

★「～している」と進行中の動作を表すときは，〈am [is, are]＋動詞の～ing 形〉で表す。

★ 否定文は am [is, are]のあとに not を置き，疑問文は am [is, are]を主語の前に出す。

★ 動詞の～ing 形の作り方
　❶ ふつうの場合：そのまま ing をつける　　　　　walk ➡ walking
　❷ e で終わる語：e を取って ing をつける　　　　take ➡ taking
　❸ ie で終わる語：ie を y にかえて ing をつける　　lie ➡ lying
　❹ その他：文字を重ねて ing をつける　　　　　　hit ➡ hitting

STEP 1 ドリル問題　次の動詞を～ing 形にしなさい。

(1) cook 　　　(　　　　　　) 　　(2) watch 　　　(　　　　　　)

(3) listen 　　(　　　　　　) 　　(4) use 　　　　(　　　　　　)

(5) speak 　　(　　　　　　) 　　(6) make 　　　(　　　　　　)

(7) come 　　(　　　　　　) 　　(8) plan 　　　　(　　　　　　)

2 過去進行形

① I **was reading** a book then. 　　　　　私はそのとき，本を読んでいました。

② They **were not sleeping** then. 　　　　彼らはそのとき，眠っていませんでした。

③ **Were** you **running** in the park? 　　　あなたは公園で走っていたのですか。

　－ Yes, I **was**. / No, I **wasn't**. 　　　－ はい，そうです。／いいえ，ちがいます。

★「～していた」という過去のある時点で進行中の動作は，〈was [were]＋動詞の～ing 形〉で表す。

★ 否定文は was [were]のあとに not を置き，疑問文は was [were]を主語の前に出す。

STEP 1 ドリル問題　(　)に適する be-動詞を書きなさい。

(1) I (　　　　　　) cleaning my room around eleven yesterday.

(2) Judy and Yuki (　　　　　) eating lunch at noon last Sunday.

(3) When I got home, my sister (　　　　　) reading a book.

(4) (　　　　　) you practicing soccer then? － Yes, we (　　　　　　).

(5) (　　　　　) it snowing heavily at that time? － No, it (　　　　　) not.

STEP 2 Exercises

Hints

1 日本語に合うよう，（　　）に適語を書きなさい。

(1) My brother （　　　　　）（　　　　　） his friend now.
私の兄は今，友人に電話をしています。

(2) （　　　　　） Ken and Tom （　　　　　） a song then?
そのとき，ケンとトムは歌っていましたか。

(3) It （　　　　）（　　　　　） when I left home.
私が家を出たとき，雨は降っていませんでした。

(4) What （　　　　） Tom （　　　　　） then?
－ He （　　　　）（　　　　　） Mr. Brown.
トムはそのとき，何をしていましたか。 － 彼はブラウン先生を手伝っていました。

1
現在の文か，過去の文かに注意する。また，主語の人称と数を確認して，適切な be-動詞を考える。

●進行形でよく使われる，時を表す語句
〈現在進行形〉
・now「今」
〈過去進行形〉
・then「そのとき」
・at that time「そのとき」

2 日本語に合うよう，（　　）内の語句を並べかえなさい。ただし，下線部の語を〜ing 形に変えること。

(1) (was / the child / <u>cry</u> / not). その子どもは泣いていませんでした。

_____ .

(2) (on / they / <u>dance</u> / are) the stage. 彼らは舞台上で踊っています。

_____ the stage.

(3) (were / <u>play</u> / you / baseball / where)?
あなたたちはどこで野球をしていたのですか。

_____ ?

(4) When Koki arrived, (we / dinner / were / <u>have</u>).
コウキが着いたとき，私たちは夕食を食べていました。

When Koki arrived, _____ .

2
(1)〜(4) 〜ing 形の作り方（➡ p.12−**1** 参照）

STEP 3 Daily English ▶STEP 1, 2 で学んだ文法を使った日常会話を読もう！

◆ 日本語に合うよう，（　　）内から適切なものを選びなさい。

A: Ken, what ①(do you do, did you do, are you doing)?
ケン，何をしているの？

B: ②(I, I was, I'm) searching how to go to Higashi Station
with my smartphone. スマートフォンで東駅への行き方を調べているんだ。

A: Shall I tell you how? 行き方を教えようか？

B: No, thank you. I've just got it. 大丈夫。もうわかったよ。

7 未来表現

1 will＋動詞の原形

① I **will go** to the library. 　　　　私は図書館へ行くつもりです。

② She **will not get** well soon. 　　　彼女はすぐにはよくならないでしょう。

③ **Will** it **rain** tomorrow? 　　　　明日は雨が降るでしょうか。

　－ Yes, it **will**. / No, it **won't**. 　　－ はい，降るでしょう。／いいえ，降らないでしょう。

★〈will＋動詞の原形〉は「～するつもりだ」という意志や，「～するだろう」という予測を表す。

★否定文は will のあとに not を置く（will not＝won't）。疑問文は will を主語の前に出す。

STEP 1 ドリル問題　（　　）内から適切なものを選びなさい。

(1) Jim (is, was, will be) busy next month.

(2) She (don't, didn't, won't) go there next Sunday.

(3) (Do, Did, Will) you use the bike tomorrow? － Yes, I (do, did, will).

(4) (Does, Did, Will) he come to Japan next year? － No, he (doesn't, didn't, won't).

2 be going to＋動詞の原形

① I **am going to play** soccer tomorrow. 　　私は明日，サッカーをする予定です。

② It **is going to rain** later. 　　　　　　　あとで雨が降りそうです。

③ Meg **isn't going to buy** a new bike. 　　メグは新しい自転車を買う予定はありません。

④ **Are** you **going to see** Tom? 　　　　　あなたはトムに会う予定ですか。

　－ Yes, I **am**. / No, I'm **not**. 　　　　　－ はい，そうです。／いいえ，ちがいます。

★〈be going to＋動詞の原形〉は「～する予定だ」という予定や計画，「～しそうだ」という近い
未来の予測を表す。

★否定文は be-動詞のあとに not を置き，疑問文は be-動詞を主語の前に出す。

STEP 1 ドリル問題　日本語に合うよう，（　　）内から適切なものを選びなさい。

(1) We're (going, coming, doing) to go there. 　　　私たちはそこへ行く予定です。

(2) I'm going (on, to, from) visit her tomorrow. 　　私は明日，彼女をたずねる予定です。

(3) He (isn't, doesn't, didn't) going to come here. 　　彼はここに来る予定はありません。

(4) (Is, Was, Did) it going to snow this afternoon? － No, it (isn't, wasn't, didn't).
今日の午後は雪が降りそうですか。－ いいえ，降らないでしょう。

(5) (Are, Were, Did) you going to visit Osaka next month? － Yes, I (am, was, did).
あなたは来月，大阪を訪れる予定ですか。－ はい，そうです。

Hints

1 日本語に合うよう，（　　　）に適語を書きなさい。

(1) I （　　　　　　） never （　　　　　　） you.

私はあなたのことをけっして忘れません。

(2) Mary is （　　　　）（　　　　）（　　　　　　） with Yuki.

メアリーはユキの家に滞在する予定です。

(3) He （　　　　　）（　　　　　） the mountain tomorrow.

彼は明日，その山に登らないでしょう。

(4) What （　　　　） you （　　　　　） tomorrow?

－ （　　　　　）（　　　　　） at the library.

あなたは明日，何をするつもりですか。－ 図書館で勉強するつもりです。

1
(1) never「けっして…ない」not よりも強い否定を表す。

●短縮形
・I will → I'll
・you will → you'll
・he will → he'll
・she will → she'll
・it will → it'll
・will not → won't

(4) 答えの文の空所の数に注意する。

2 日本語に合うよう，（　　　）内の語を並べかえなさい。

(1) (to / he'll / Kyoto / move) next year.

彼は来年京都に引っ越す予定です。

_____ next year.

(2) (sunny / going / it's / be / to) soon.　じきに晴れるようです。

_____ soon.

(3) (to / soccer / not / I'm / practice / going) tomorrow.

私は明日サッカーを練習する予定ではありません。

_____ tomorrow.

(4) (come / will / Tom / when / here)?

トムはいつここに来るでしょうか。

_____ ?

2
●未来を表す語句
・next ...「今度の…」
例　next week「来週」/ next Monday「今度の月曜日」
・soon「じきに，そのうち」
・tomorrow (...)「明日 (の…)」
例　tomorrow morning「明日の朝」

STEP 3 **Daily English**　▶STEP 1，2 で学んだ文法を使った日常会話を読もう！

◆ 日本語に合うよう，（　　　）内から適切なものを選びなさい。

A : Jack, what are you ①(will,　going to) do next Saturday?

ジャック，今度の土曜日は何をする予定なの？

B : ②(I'm, I'll, I was) going to swim in the sea with Ben.　Will you come with us?　ベンと海で泳ぐ予定なんだ。ぼくたちといっしょに行く？

A : I'm sorry, but I don't want to get sunburned.

ごめんね，でも日焼けしたくないの。　　　(注) get sunburned「日焼けする」

8 助動詞

1 can, may

① I **can** play the guitar. 私はギターを弾くことができます。

② **Can** you open the door? ― Sure. ドアを開けてもらえますか。 ― もちろん。

③ It **may** rain this afternoon. 今日の午後は雨が降るかもしれません。

★ can：「〜できる」（可能），「〜してもよい」（許可），〈疑問文で〉「〜してくれますか」（依頼）

★ may：「〜してもよい」（許可），「〜かもしれない」（推量）

STEP 1 ドリル問題 日本語に合うよう，（　）内から適切なものを選びなさい。

(1) Mike (swim, can swim, can swims) fast. マイクは速く泳ぐことができます。

(2) Yuki (may, won't, will) come here. ユキはここに来るかもしれません。

2 must, have [has] to

① I **must** go home by six. 私は6時までに帰宅しなければなりません。

② We **have to** practice soccer hard. 私たちは熱心にサッカーを練習しなければなりません。

③ You **don't have to** work today. あなたは今日は働く必要はありません。

★ must：「〜しなければならない」（義務），〈否定文で〉「〜してはいけない」（強い禁止）

★ have [has] to：「〜しなければならない」（必要・義務），〈否定文で〉「〜する必要がない」（不必要）

STEP 1 ドリル問題 日本語に合うよう，（　）内から適切なものを選びなさい。

(1) You must (get, gets, got) up early. あなたは早く起きなければなりません。

(2) You don't (have, have to, has to) hurry. あなたは急ぐ必要がありません。

3 Shall I 〜?, Will you 〜?

① **Shall I** turn on the light? 明かりをつけましょうか。

② **Will you** help me? 私を手伝ってくれませんか。

★ Shall I 〜?：「(私が)〜しましょうか」（申し出）

★ Shall we 〜?：「(いっしょに)〜しましょうか」（勧誘）

★ Will you 〜?：「〜してくれませんか」（依頼）

STEP 1 ドリル問題 日本語に合うよう，（　）内から適切なものを選びなさい。

(1) Shall (I, you, we) sing songs? いっしょに歌を歌いましょうか。

(2) (Shall, Will, Must) you play the piano? ピアノを弾いてくれませんか。

(3) (Shall we, Shall I, Will you) give this book to you? この本をあなたにあげましょうか。

Hints

1 次の対話文が成り立つよう，（　）に入る適語を □ から選んで書きなさい。

(1) （　　　　　　　） you close the window?
　　 − All right.

(2) （　　　　　　　） I use this pen?
　　 − No, you may not.

(3) （　　　　　　　） I take a picture?
　　 − Yes, please.

(4) （　　　　　　　） I finish this work today?
　　 − No, you don't have to.

| May |
| Must |
| Shall |
| Will |

1
●助動詞の疑問文
〈助動詞＋主語＋動詞の原形 …?〉

2 日本語に合うよう，（　）に適語を書きなさい。

(1) （　　　　　　） I （　　　　　　） lunch today?
　　 今日は私が昼食を作りましょうか。

(2) My sister （　　　　　） （　　　　　） French.
　　 私の姉はフランス語を話すことができます。

(3) You （　　　　　） （　　　　　） the apple.
　　 あなたはそのりんごを食べてもよいです。

(4) You （　　　　　） （　　　　　） （　　　　　） in this river.
　　 この川で泳いではいけません。

(5) You （　　　　　） （　　　　　） （　　　　　） （　　　　　）
　　 me.　あなたは私を手伝う必要はありません。

(6) Tom （　　　　　） （　　　　　） （　　　　　） home
　　 yesterday.　トムは昨日家にいなければなりませんでした。

2
(1) 「〜しましょうか」と申し出る文。

(2) 「〜できる」（可能）の文。

(3) 「〜してもよい」（許可）の文。

(4) 「〜してはいけない」と禁止する文。

(5) 「〜する必要はない」（不必要）の文。

(6) must に過去形はないので have to の過去形を使って表す。

◆ 日本語に合うよう，（　）内から適切なものを選びなさい。

A: ①(Must, Will, May) I help you?　お手伝いしましょうか？

B: Yes, please.　②(Shall we, Will you, May I) carry this
　　 box to the teachers' room?　お願い。この箱を職員室に運んでくれる？

A: All right.　Oh, it's very heavy.　I ③(can't, must not)
　　 carry by myself!　わかりました。おお，とても重いですね！　ひとりじゃ運べない！

9 現在完了

1 継続

① I **have lived** in Hiroshima for five years.　　私は5年間広島に住んでいます。

② He **has been sleeping** for ten hours.　　彼は10時間ずっと眠っています。

★〈have［has］＋過去分詞〉の現在完了形は，「状態の継続」「経験」「完了」の3つの意味を表す。

★〈have［has］been＋動詞の～ing形〉の現在完了進行形は，「動作の継続」の意味を表す。

★継続の意味：「(ずっと)…である，～している」

★よく使われる語句：〈for＋期間を表す語句〉「…の間」，〈since＋起点を表す語句〉「…以来」

STEP 1 ドリル問題　（　　）内から適切なものを選びなさい。

(1) I (like, have liked, has liked) soccer for ten years.

(2) My brother (does, have been, has been) cooking since 2 p.m.

2 経験

① Jim **has lived** in Tokyo before.　　ジムは以前，東京に住んだことがあります。

② I **have never been** to France.　　私は一度もフランスに行ったことがありません。

★経験の意味：「～したことがある」

★よく使われる語句：before「以前に」，... times「…回」，〈否定文で〉never「一度も～ない」，〈疑問文で〉ever「今までに」

STEP 1 ドリル問題　（　　）内から適切なものを選びなさい。

(1) They have (visit, visited, visiting) Okinawa many times.

(2) Have you ever (swum, swim) in the sea?

3 完了

① Meg **has** just **finished** her homework.　　メグはちょうど宿題を終えたところです。

② Yuki **has not arrived** here yet.　　ユキはまだここに到着していません。

★完了の意味：「～したところだ」「(すでに)～してしまった」

★よく使われる語：just「ちょうど」，already「すでに」，yet「〈否定文で〉まだ，〈疑問文で〉もう」

STEP 1 ドリル問題　日本語に合うよう，（　　）内から適切なものを選びなさい。

(1) She (have, has) gone to China.　　　　　　　　　彼女は中国に行ってしまいました。

(2) I have (ever, never, already) cleaned my room.　　私はすでに部屋を掃除しました。

(3) Have you had lunch (just, yet, before)?　　　　　あなたはもう昼食を食べましたか。

STEP 2 Exercises

1 日本語に合うよう，（　　）に適語を書きなさい。

(1) It (　　　　　) (　　　　　) hot all day.　1日中暑いです。

(2) I (　　　　　) (　　　　　) (　　　　　) to his song.

  私は彼の歌を一度も聞いたことがありません。

(3) Ken (　　　　　) (　　　　　) (　　　　　) the letter yet.

  ケンはまだその手紙を受け取っていません。

(4) They (　　　　　) (　　　　　) (　　　　　) about their
   school festival for two hours.

  彼らは2時間ずっと文化祭について話しています。

2 日本語に合うよう，（　　）内の語句を並べかえなさい。

(1) (arrived / just / the train / has / at) the station.

  その電車はちょうど駅に到着したところです。

  ＿＿＿＿＿＿＿＿＿＿＿＿＿＿＿＿＿ the station.

(2) (our aunt / not / we / for / met / have) a year.

  私たちは1年間おばに会っていません。

  ＿＿＿＿＿＿＿＿＿＿＿＿＿＿＿＿＿ a year.

(3) (have / visited / you / ever) the temple?

  あなたは今までにその寺を訪ねたことがありますか。

  ＿＿＿＿＿＿＿＿＿＿＿＿＿＿＿ the temple?

(4) (have / staying / you / how long / been) at the hotel?

  あなたはどのくらいの間そのホテルに滞在しているのですか。

  ＿＿＿＿＿＿＿＿＿＿＿＿＿＿＿ at the hotel?

1

● 現在完了の否定文
〈主語＋have [has] not＋過去分詞 ...〉
● 現在完了の疑問文
〈Have [Has] ＋主語＋過去分詞 ...?〉

(4) 2時間ずっと動作が継続していることを表す。

2

(1) just は have [has] と過去分詞の間に置く。

(2)「1年間ずっと会っていない」ということ。

(3) ever は過去分詞の前に置く。

(4)「どのくらいの間」は疑問詞を用いて表す。

● 現在完了進行形の疑問文
〈Have [Has]＋主語＋ been ＋動詞の〜ing 形...?〉

STEP 3 Daily English ▶STEP 1, 2 で学んだ文法を使った日常会話を読もう！

◆ 日本語に合うよう，（　　）内から適切なものを選びなさい。

A: Excuse me. ①(Have, Has, Had) the No. 3 bus left yet?

  すみません。3番バスはもう出発しましたか？

B: Yes, ②(you have, they do, it has).　ええ，出発しましたよ。

A: Oh, I missed it.　When will the next No. 3 bus come?

  ああ，乗り遅れちゃった。次の3番バスはいつ来ますか？

B: At four.　4時です。

19

10 受け身

1 受け身

① The elephant **is loved** by everyone.　　そのゾウはみんなに愛されています。

② This chair **was made** by my father.　　このいすは父によって作られました。

③ The door **isn't locked**.　　そのドアはかぎがかけられていません。

④ **Was** the window **broken** by John?　　その窓はジョンによって割られたのですか。

　− Yes, it **was**. / No, it **wasn't**.　　− はい，そうです。／いいえ，ちがいます。

★ 受け身：〈be-動詞＋過去分詞（＋by ...）〉で「（…によって）～される」という意味になる。
★ 受け身の否定文は be-動詞のあとに not を置き，疑問文は be-動詞を主語の前に出す。

STEP 1 ドリル問題　日本語に合うよう，（　）内から適切なものを選びなさい。

(1) This book (wrote, is written, was written) in English.
　　この本は英語で書かれています。

(2) I (invited, am invited, was invited) to the party by Mary.
　　私はメアリーにパーティーに招待されました。

(3) English (used, doesn't use, isn't used) in the country.
　　その国では英語は使われていません。

(4) (Were, Was, Did) these pictures taken by Jim?
　　これらの写真はジムによって撮られたのですか。

2 受け身（by 以外の前置詞）

① He **is known to** everyone in this town.　　彼はこの町のみんなに知られています。

② The hall **was filled with** people.　　ホールは人でいっぱいでした。

★ by 以外の前置詞を使う受け身の表現
・be known to ...「…に知られている」　　　・be filled with ...「…でいっぱいである」
・be covered with ...「…でおおわれている」　・be surprised at ...「…に驚く」　など

STEP 1 ドリル問題　日本語に合うよう，（　）内から適切なものを選びなさい。

(1) The singer is known (for, as, to) the world.　　その歌手は世界で知られています。

(2) Her house is always filled (in, with, on) music.　　彼女の家はいつも音楽で満たされています。

(3) The sky is covered (with, of, in) clouds.　　空は雲でおおわれています。

(4) Meg was surprised (to, at, on) the news.　　メグはそのニュースに驚きました。

1 日本語に合うよう，（　　）に適語を書きなさい。

(1) This temple (　　　　　)(　　　　　　) by many people.

この寺は多くの人によって訪れられます。

(2) These animals (　　　　　)(　　　　　　) in my country.

これらの動物は私の国では見られません。

(3) English (　　　　　)(　　　　　) all over the world.

英語は世界中で話されています。

(4) (　　　　　) dinner (　　　　　)(　　　　　) Ken?

– No, it (　　　　　).

夕食はケンが作ったのですか。— いいえ，ちがいます。

2 日本語に合うよう，（　　）内の語句を並べかえなさい。

(1) (covered / the mountain / snow / with / is).

その山は雪でおおわれています。

_____.

(2) (by / life / saved / was / my / the doctor).

私の命はその医師によって救われました。

_____.

(3) (built / was / the tower / when)?

その塔はいつ建てられましたか。

_____?

(4) (by / wasn't / Nancy / sent / the e-mail).

そのメールはナンシーによって送られたものではありませんでした。

_____.

Hints

1
(2)(3) 不規則変化をする
動詞(➡ p.40参照)

● 受け身の否定文
〈主語＋be-動詞＋
not＋過去分詞 …〉
● 受け身の疑問文
〈be 動詞＋主語＋
過去分詞 …?〉
● 受け身の疑問文へ
の答え方
〈Yes，主語＋be-
動詞。〉/〈No，主語
＋be-動詞＋not.〉

(4) 時制に注意する。

2

(3) 〈疑問詞＋受け身の
疑問文〉の語順になる。

STEP 3 Daily English ▶STEP 1，2 で学んだ文法を使った日常会話を読もう！

◆ 日本語に合うよう，（　　）内から適切なものを選びなさい。

A : I heard you lost your bag.　Have you found it yet?

かばんをなくしたって聞いたよ。もう見つかったの？

B : Yes.　It ①(found, was found) at the station.　But my
glasses in the bag ②(was, were) broken.

うん。駅で見つかったよ。でもかばんの中の眼鏡は壊れていたんだ。

A : That's too bad.　それはお気の毒に。

11 不定詞①

1 名詞用法

① I like **to listen** to music.　　　　私は音楽を聞くのが好きです。

② **It is** easy for him **to cook** curry.　　カレーを作ることは彼にとって簡単です。

③ Tom **asked** me **to close** the door.　　トムは私にドアを閉めるように頼みました。

④ She knows **how to swim fast**.　　　彼女は速く泳ぐ方法を知っています。

★ 名詞用法の不定詞：「〜すること」の意味を表し，文の主語・補語・目的語になる。
★ 〈It is ...（for＋人）to 〜.〉「（人にとって）〜することは…だ」
★ 〈tell [ask] ＋人＋to 〜〉「人に〜するように言う [頼む]」
★ 〈疑問詞（how, what など）＋to 〜〉「〜のしかた」「何を〜したらよいか」など

STEP 1 ドリル問題 日本語に合うよう，（　　）内から適切なものを選びなさい。

(1) I want to (swim, swimming, swum).　　　　私は泳ぎたいです。

(2) It is difficult for Aki to (playing, play, played) tennis.　アキにとってテニスをするのは難しい。

(3) Toru told Mike (for, on, to) come to the classroom by 8 a.m.
トオルはマイクに午前8時までに教室へ来るように言いました。

(4) Tell me what (say, saying, to say) to Meg.　　メグに何と言うべきか私に教えて。

2 形容詞用法

① They need something **to eat**.　　　　彼らは何か食べるものを必要としています。

② We have some problems **to solve**.　　私たちには解決すべき問題があります。

★ 形容詞用法の不定詞：「〜する（ための）」や「〜すべき」の意味を表す。

STEP 1 ドリル問題 日本語に合うよう，（　　）内の語句を並べかえなさい。

(1) There are (visit / many places / to) in Kyoto.　京都には訪れる場所が多くあります。
There are ＿＿＿＿＿＿＿＿＿＿＿＿＿＿＿＿＿＿＿ in Kyoto.

(2) This is the (book / read / to) for your report.　これはあなたのレポートのために読むべき本です。
This is the ＿＿＿＿＿＿＿＿＿＿＿＿＿＿＿＿ for your report.

(3) I have (do / work / a lot of / to) today.　　私には今日するべき仕事がたくさんあります。
I have ＿＿＿＿＿＿＿＿＿＿＿＿＿＿＿＿＿＿ today.

(4) The vending machine sold (drink / hot / nothing / to).
その自動販売機には，温かい飲みものはありませんでした。
The vending machine sold ＿＿＿＿＿＿＿＿＿＿＿＿＿＿.

Hints

1 日本語に合うよう，(　　　)に適語を書きなさい。

(1) Do you have anything (　　　　)(　　　　) now?

あなたは今，何か言うことがありますか。

(2) I (　　　　) you (　　　　)(　　　　) some food.

私はあなたに食べものを持ってきてほしかったのです。

(3) Jim tried (　　　　)(　　　　) to Mina in Japanese.

ジムはミナに日本語で話しかけようとしました。

(4) It is easy for me (　　　　)(　　　　) fast.

私にとって速く走ることは簡単です。

(5) Please teach me (　　　　)(　　　　)(　　　　) the
guitar.　私にギターのひき方を教えてください。

2 日本語に合うよう，(　　　)内の語句を並べかえなさい。

(1) These are (give / the websites / information / you / to /
useful).　これらはあなたに有益な情報を与えてくれるウェブサイトです。

These are _____ .

(2) (to / know / I / don't / where / wait) for Yuki.

私はどこでユキを待てばよいかわかりません。

_____ for Yuki.

(3) (be / dream / is / his / a doctor / to).　彼の夢は医師になることです。

_____ .

(4) (a song / asked / sing / her / to / I) for me.

私は彼女に，私のために歌を歌ってくれるように頼みました。

_____ for me.

1

(1)「何か言うべきこと」
と考える。

(2)「人に～してもらい
たい」〈want＋人＋to
～〉

(3)「～しようと試みる」
は try to ～。

(4) It は仮の主語。空所
以下が本当の主語とな
る。

(5)「ひき方」は「ひく方
法」と考える。

2

(1)「あなたに有益な情
報を与えてくれる」が
「ウェブサイト」に説
明を加えている。

(2) wait for ... 「…を待
つ」

(3)「医師になること」を，
不定詞を用いて表現す
る。

(4)〈ask＋人＋to ～〉
「人に～するように頼
む」

◆ 日本語に合うよう，(　　　)内から適切なものを選びなさい。

A: Do you want ①(me to take, to take me) a picture?

写真を撮りましょうか？

B: Wow, thank you!　Take one with this smartphone.

わあ，ありがとうございます！　このスマートフォンで1枚撮ってください。

A: I don't know ②(what, how) to use this.　これの使い方がわからないのですが。

B: Please touch here.　ここに触れてください。

23

12 不定詞②

1 副詞用法

① I went to the library **to study**.　　私は勉強するために図書館へ行きました。

② I'm glad **to see** you again.　　私はあなたに再び会えてうれしい。

★ 副詞用法の不定詞：
  ❶「〜するために」と動作の〈目的〉を表す。
  ❷ 感情を表す形容詞のあとに続けて，「〜して」とその感情の〈原因〉を表す。

STEP 1 ドリル問題　日本語に合うよう，(　　)内から適切なものを選びなさい。

(1) He visited Canada (to see,　to seeing) Meg.　　彼はメグに会うためにカナダを訪れました。

(2) Jun went to the supermarket (buying,　to buy) a bottle of soy sauce.
　　しょう油を1びん買うために，ジュンはスーパーへ行きました。

(3) We were happy (to hearing,　to hear) the news.　私たちはそのニュースを聞いて幸せでした。

(4) I was disappointed (to know,　for know) the fact.　私は事実を知ってがっかりしました。

2 原形不定詞

① **Let** me **read** the comic book.　　　　　そのマンガ本を読ませてください。

② I often **help** my brother **do** his homework.　　私はよく弟が宿題をするのを手伝います。

★〈let＋O＋動詞の原形〉「Oに〜させる」の意味を表す。
★〈help＋O＋動詞の原形〉「Oが〜するのを手伝う[助ける]」の意味を表す。
★ Oのあとに続く動詞の原形のことを，原形不定詞という。

STEP 1 ドリル問題　日本語に合うよう，(　　)内の語句を並べかえなさい。

(1) Please (let / use / me) your bike.　　私にあなたの自転車を使わせてください。
　　Please ＿＿＿＿＿＿＿＿＿＿＿＿＿＿＿ your bike.

(2) He didn't (his son / let / watch) the TV show.
　　彼は息子にそのテレビ番組を見せませんでした。
　　He didn't ＿＿＿＿＿＿＿＿＿＿＿＿＿ the TV show.

(3) My mother (me / cook / helped) beef stew.
　　母は私がビーフシチューを作るのを手伝ってくれました。
　　My mother ＿＿＿＿＿＿＿＿＿＿＿＿＿ beef stew.

(4) The Internet (know / helps / us) many things.
　　インターネットは私たちが多くのことを知る手助けとなります。
　　The Internet ＿＿＿＿＿＿＿＿＿＿＿＿＿ many things.

STEP 2 Exercises

Hints

1 日本語に合うよう, (　　)に適語を書きなさい。

(1) She studied hard (　　　　　) (　　　　　) a teacher.

彼女は教師になるために熱心に勉強しました。

(2) Tom (　　　　　) his dog (　　　　　) on the beach.

トムは自分の犬を浜辺で走らせました。

(3) We were excited (　　　　　) (　　　　　) the rugby match.

私たちはそのラグビーの試合を見て興奮しました。

(4) I (　　　　　) my brother (　　　　　) to leave home.

私は弟が家を出る準備をするのを手伝いました。

1

(1)「教師になるために」は「熱心に勉強した」ことの〈目的〉を表す。

(2) 動詞 let は, その過去形も let。

(3) 空所以下の内容は excited の原因を表す。

(4)「～する準備をする」は prepare to～。

2 日本語に合うよう, (　　)内の語句を並べかえなさい。

(1) (better / make / environment / to / global), what can we do?

地球の環境をよりよくするために, 私たちには何ができるでしょうか。

_____, what can we do?

(2) Her speech (us / about / think / future / helped / our).

彼女のスピーチは私たちが将来について考える助けとなりました。

Her speech _____.

(3) (your / know / me / e-mail address / let).

あなたのEメールアドレスを私に教えて。

_____.

(4) (see / to / I / surprised / there / her / was).

私は彼女とそこで会って驚きました。

_____.

2

(1)「…をよりよくする」は〈make＋O＋形容詞〉で表す。

(2)「…について考える」は think about …。

(3) 2つある人称代名詞の格に注目。

(4)〈感情を表す形容詞＋to ～〉で,「～して…」とその感情が生まれた原因を表す。

STEP 3 Daily English ▶STEP 1, 2 で学んだ文法を使った日常会話を読もう！

◆ 日本語に合うよう, (　　)内から適切なものを選びなさい。

A : Oh! Hi, Jim. Why are you in this classroom?

わあ。こんにちは, ジム。どうしてこの教室にいるの？

B : ①(To meet, Meeting) Meg. She's not here now.

②(Tell, Let) me know when she'll be back.

メグに会いにね。彼女は今ここにいないね。いつ戻ってくるか教えて。

A : She's absent today. 彼女は今日休みなのよ。

13 動名詞，分詞

1 動名詞

① **Listening** to music is fun.　　　音楽を聞くのは楽しいです。

② I like **playing** basketball.　　　私はバスケットボールをするのが好きです。

★ 動名詞：動詞の性質を持ちながら名詞のはたらきをする動詞の～ing 形のことで，「～すること」という意味を表し，文の主語・補語・目的語になる。

STEP 1 ドリル問題　正しい英文になるよう，（　　）内の語を動名詞にかえなさい。

(1) We enjoyed (watch) the soccer game yesterday.　　　（　　　　　）

(2) (Dance) with friends is a lot of fun.　　　（　　　　　）

2 名詞を修飾する現在分詞

① That **running** boy is John.　　　あの走っている少年はジョンです。

② That girl **singing** with Ken is Meg.　　　ケンと歌っている少女はメグです。

★ 現在分詞：動詞の～ing 形を名詞の前や後ろに置いて，「～している…」と名詞を修飾する。
★ 現在分詞が1語の場合は〈現在分詞＋名詞〉，現在分詞のあとに語句を伴う場合は〈名詞＋現在分詞＋語句〉となる。

STEP 1 ドリル問題　日本語に合うよう，（　　）内の語を並べかえなさい。

(1) (girl / that / sleeping) is Jim's sister.　あの眠っている少女はジムの妹です。

_____ is Jim's sister.

(2) (running / that / dog) in the park is cute.　公園で走っているあのイヌはかわいい。

_____ in the park is cute.

3 名詞を修飾する過去分詞

① I bought a **used** bike.　　　私は使われた（＝中古の）自転車を買いました。

② This is a bag **made** in France.　　　これはフランスで作られたかばんです。

★ 過去分詞：「～された [されている]…」の意味で，現在分詞と同様に名詞を修飾する。
★ 過去分詞が1語の場合は〈過去分詞＋名詞〉，過去分詞のあとに語句を伴う場合は〈名詞＋過去分詞＋語句〉となる。

STEP 1 ドリル問題　日本語に合うよう，（　　）内の語を並べかえなさい。

(1) Clean up (window / broken / the).　その割れた窓をかたづけなさい。

Clean up _____ .

(2) This is a (by / taken / picture) Tom.　これはトムによって撮られた写真です。

This is a _____ Tom.

1 下線部の語句を日本語になおしなさい。

(1) My hobby is <u>watching movies</u>.

_____

(2) Jack started <u>doing his homework</u>.

_____

(3) <u>That dog drinking water</u> is mine.

_____

(4) Look at <u>the mountain covered with snow</u>.

_____

(5) Ms. Sasaki is <u>the woman reading a book over there</u>.

_____

2 日本語に合うよう，（　　　）に適語を書きなさい。

(1) It began (　　　　　　　) in the afternoon.
午後に雨が降り始めました。

(2) My favorite thing (　　　　　)(　　　　　) in the park.
私が好きなことは公園の中を走ることです。

(3) Do you know the (　　　　　)(　　　　　) by that tree?
あなたはあの木のそばに立っている男性を知っていますか。

(4) I want to take pictures of those (　　　　　)(　　　　　).
私はあの眠っているネコたちの写真を撮りたい。

(5) Yoko got a letter (　　　　　)(　　　　　) English.
ヨウコは英語で書かれた手紙を受け取りました。

1

(3)〜(5) 分詞がどの語(句)を修飾しているかに注意する。

(4) cover with ... 「…でおおう」

(5) over there 「向こうで」

2

(1) begin はその目的語に，不定詞も動名詞も取ることができる動詞の１つ。

(3)〜(5) 分詞が１語であれば名詞の前に置き，他の語句を伴うときは名詞の後ろに置く。

(4) 最初の空所の前の those に注目すること。

STEP 3 **Daily English** ▶STEP 1，2 で学んだ文法を使った日常会話を読もう！

◆ 日本語に合うよう，（　　　）内から適切なものを選びなさい。

A: ①(Study, Studying) in Brunei is my dream.　ブルネイで勉強するのがぼくの夢なんだ。

B: Brunei?　I don't know about the country at all.
What's the language ②(spoken, speaking) there?
ブルネイ？　その国について全然知らないわ。そこで話されている言語は何？

A: It's Malay, but English is also spoken.
マレー語だけど英語も話されているよ。

14 比較

1 比較を表す文

- ① Ken runs **faster** than Tom. ケンはトムよりも速く走ります。
- ② Ken runs **(the) fastest** in his class. ケンはクラスでいちばん速く走ります。
- ③ This book is **more difficult** than that one. この本はあの本よりも難しい。
- ④ This book is **the most difficult** of the three. この本は3冊の中でいちばん難しい。
- ⑤ She is **the best** player in the team. 彼女はチームの中でいちばん上手な選手です。

> ★〈比較級＋than ...〉:「…より～」　★〈the＋最上級＋in [of] ...〉:「…の中でいちばん～」
> ★比較級の作り方:① 形容詞 [副詞] ＋-er　② more＋長い形容詞 [副詞]　③ 特別な変化
> ★最上級の作り方:① 形容詞 [副詞] ＋-est　② most＋長い形容詞 [副詞]　③ 特別な変化

STEP 1 ドリル問題　(1)～(6)は比較級に, (7)～(12)は最上級に書きかえなさい。

(1) long 　　(　　　　　) 　(2) happy 　　(　　　　　)

(3) nice 　　(　　　　　) 　(4) important 　(　　　　　)

(5) useful 　(　　　　　) 　(6) fast 　　(　　　　　)

(7) small 　(　　　　　) 　(8) large 　　(　　　　　)

(9) big 　　(　　　　　) 　(10) difficult 　(　　　　　)

(11) expensive (　　　　　) 　(12) much 　　(　　　　　)

2 同等比較

- ① I run **as fast as** Tom. 私はトムと同じくらい速く走ります。
- ② I'm **not as busy as** Mike. 私はマイクほど忙しくありません。

> ★〈as＋原級＋as ...〉:「…と同じくらい～」
> ★〈not as＋原級＋as ...〉:「…ほど～でない」

STEP 1 ドリル問題　( )内から適切なものを選びなさい。

(1) Emi's cat is as (small, smaller, smallest) as mine.

(2) I didn't study as (hard, harder, hardest) as Mary.

(3) Germany is (as large, large as, as large as) Japan.

(4) Meg gets up (as early, early as, as early as) her mother.

(5) This computer is (as not cheap, not as cheap) as that one.

(6) Nancy can't play (as tennis well as, as well tennis as, tennis as well as) Miho.

(7) Kenji didn't eat (as much as, as as much, much as as) Makoto.

STEP 2 Exercises

Hints

1 絵に合うよう，⑴は tall を，⑵は high を必要に応じて適する形になおして使い，比較の文を完成させなさい。

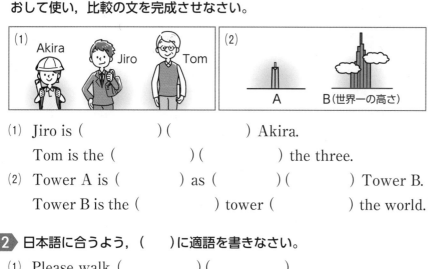

(1) Akira　Jiro　Tom

(2) A　B（世界一の高さ）

⑴ Jiro is (　　　　　) (　　　　　　　　) Akira.

　　Tom is the (　　　　　) (　　　　　　　) the three.

⑵ Tower A is (　　　　) as (　　　　) (　　　　) Tower B.

　　Tower B is the (　　　　　) tower (　　　　) the world.

2 日本語に合うよう，(　　　)に適語を書きなさい。

⑴ Please walk (　　　　　) (　　　　　　).

　　もっとゆっくり歩いてください。

⑵ Today is (　　　　　) (　　　　　) yesterday.

　　今日は昨日より寒いです。

⑶ It was the (　　　　　) (　　　　　　) story of the five.

　　それが5つの中でいちばん興味深い話でした。

3 日本語に合うよう，(　　　)内の語を並べかえなさい。

⑴ (is / as / not / Todai-ji / as / old) Horyu-ji.

　　東大寺は法隆寺ほど古くないです。

　　_____ Horyu-ji.

⑵ (better / I / English / than / like) any other subject.

　　私はほかのどの教科より英語が好きです。

　　_____ any other subject.

Hints

1

● in と of
・in のあとには，「場所」，「集団」，「範囲」を表す単数のものがくる。
・of のあとには，複数のものがくる

2

⑶ 「興味深い」を表す形容詞の最上級に注意。

3

⑵ like ... better than ～
「～より…が好きだ」

STEP 3 Daily English　▶STEP 1，2 で学んだ文法を使った日常会話を読もう！

◆ 日本語に合うよう，(　　　)内から適切なものを選びなさい。

A : Your pizza looks ①(the most delicious of, more delicious than) mine.
　　Can I have some?　君のピザはぼくのよりおいしそうだ。ちょっと食べてもいい？

B : OK, but ②(the hottest, hotter) sauce in the world is used.
　　いいけど，世界一辛いソースが使われているよ。

A : Oh no, my mouth is on fire!　ああ，すごい，口の中が火事だよ！

15 前置詞，接続詞

1 前置詞

① I usually get up **at** six **on** Mondays.　私は毎週月曜日はたいてい6時に起きます。

② The plane arrived **at** the airport **in** Paris.　飛行機はパリの空港に到着しました。

③ I traveled **with** my family **by** train.　私は家族と電車で旅行しました。

④ Tom was waiting **for** Yuki.　トムはユキを待っていました。

⑤ The bag is full **of** books.　そのかばんは本でいっぱいです。

★ 前置詞：(代)名詞や動名詞などの前に置いて，時や場所，手段，同伴，目的などを表す。〈動詞＋前置詞〉〈形容詞＋前置詞〉で決まった意味の熟語を作ることがある。

STEP 1　ドリル問題　日本語に合うよう，（　　）内から適切なものを選びなさい。

(1) My sister was born (near, in, by) 2010.　私の妹は2010年に生まれました。

(2) Mary is (at, from, by) home now.　メアリーは今，家にいます。

(3) What can I do (into, on, for) you?　私はあなたのために何ができますか。

(4) I go to school (under, to, from) Monday to Friday.　私は月曜日から金曜日まで学校へ行きます。

(5) The song is popular (among, in, on) us.　その歌は私たちの間で人気があります。

(6) Why don't you come and play (with, of, by) me?　私のところに遊びに来ませんか。

2 接続詞

① Mike **and** I went to the station.　マイクと私は駅へ行きました。

② I think **that** John is smart.　私はジョンは賢いと思います。

③ It was sunny **when** I left home.　私が家を出たとき，晴れていました。

★ and, but, or, so：語(句)と語(句)，文と文を対等な関係で結ぶ。

★ that：〈think [know] ＋that＋主語＋動詞 ...〉「…だと思う[知っている]」　＊この that は省略可。

★ When ..., ～「…とき，～」，If ..., ～「もし…ならば，～」，Because ..., ～「…なので，～」

STEP 1　ドリル問題　日本語に合うよう，（　　）内から適切なものを選びなさい。

(1) I'll go with you (because, if, that) you go out.　あなたが外出するなら，私はあなたと行きます。

(2) Which is larger, Japan (and, or, but) Italy?　日本とイタリアでは，どちらが大きいですか。

(3) I know (this, that, those) Meg is from Canada.　私はメグがカナダ出身であると知っています。

(4) Put on your coat (because, if, when) it's cold.　寒いからコートを着なさい。

(5) John is kind, (or, so, but) I like him.　ジョンは親切だから私は彼が好きです。

STEP 2 Exercises

 Hints

1 絵に合うよう，（　）に入る適語を □ から選んで書きなさい。

(1) There is a cat （　　　　　） the table.

(2) There are two chairs （　　　　　） the table.

(3) There is a bag （　　　　　） one of the chairs.

on	under	by

1

●場所を表す前置詞
・by 「…のそばに」
・on 「〈接触して〉…
（の上）に」
・under「…の真下に」

2 （　）に入る適語を □ から選んで書きなさい。

(1) Jim moved to this town （　　　　　） he was thirteen.

(2) I think （　　　　　） this movie is fun.

(3) Yui couldn't come to school （　　　　　） she had a cold.

(4) I went to the library, （　　　　　） I met Yuki there.

that	because	and	when

2

(1) move to ... 「…に引
っ越す」

3 日本語に合うよう，（　）内の語を並べかえなさい。ただし，不足している接続詞を補うこと。

(1) Let's go shopping (you / free / are).

もしひまなら，買い物に行きましょう。

Let's go shopping ＿＿＿＿＿＿＿＿＿＿＿＿＿ .

(2) (you / to / school / came), I was in the gym.

あなたが学校に来たとき，私は体育館にいました。

＿＿＿＿＿＿＿＿＿＿＿＿＿ , I was in the gym.

STEP 3 Daily English ▶STEP 1，2 で学んだ文法を使った日常会話を読もう！

◆ 日本語に合うよう，（　）内から適切なものを選びなさい。

A： Did you see my glasses?　I put them on the table ①(near, in) the door.

ぼくの眼鏡を見なかった？　ドアの近くの机に置いたんだけど。

B： Well, what's that ②(under, on) your head?

ええと，あなたの頭の上のそれは何？

A： Uh-Oh!　あらら！

16 関係代名詞

1 主格の関係代名詞

① Meg is a girl **who** plays soccer well.　　メグは上手にサッカーをする女の子です。

② This is a train **which** goes to Tokyo.　　これは東京へ行く電車です。

★ 〈関係代名詞 who〔which, that〕＋動詞 ...〉の形で，直前の名詞（＝先行詞）を修飾する。このときの関係代名詞は，続く動詞の主語の役割をする。

★ 先行詞が人：who または that, 先行詞が人以外：which または that

STEP 1 ドリル問題　（　）に who と which のいずれかを選んで書きなさい。

(1) The girl (　　　　　) is playing tennis with Ann is Judy.

(2) Don't forget the woman (　　　　　) helped you.

(3) You should take a bus (　　　　　) starts from this station.

2 目的格の関係代名詞

① The city **which** I want to visit is Paris.　　私が訪れたい都市はパリです。

② This is the pen **that** I lost yesterday.　　これは私が昨日なくしたペンです。

★ 〈関係代名詞 which〔that〕＋主語＋動詞 ...〉の形で先行詞を修飾する。このときの関係代名詞は，続く動詞の目的語の役割をする。

★ 先行詞が人：that, 先行詞が人以外：which または that

STEP 1 ドリル問題　（　）内から適切なものを選びなさい。

(1) This is a computer (which, who, where) my mother uses.

(2) He got a ball (this, that, those) a famous baseball player hit.

3 関係代名詞の省略

① She is the girl **John wanted to see**.　　彼女はジョンが会いたかった女の子です。

② The cookies **Yoko made** are good.　　ヨウコが作ったクッキーはおいしい。

★ 目的格の関係代名詞は省略できる。このとき〈主語＋動詞 ...〉が名詞を後ろから修飾する。

STEP 1 ドリル問題　下線部の関係代名詞が省略できれば○を，省略できなければ×を（　）に書きなさい。

(1) He is a singer <u>that</u> Emi likes.　　　　　　　　　　　　　（　　　）

(2) The teacher <u>who</u> teaches us math is Mr. Yoshida.　　　　（　　　）

(3) This is the book <u>which</u> I bought on the Internet yesterday.　（　　　）

STEP 2 Exercises

1 絵に合うよう，（　　）に適語を書きなさい。

(1) The girl who is walking her dog is (　　　　　　).

(2) The boy (　　　　　　) is talking with Emi is (　　　　　).

(3) The guitar (　　　　　　) Ben is playing is white.

2 日本語に合うよう，（　　）に適語を書きなさい。

(1) He's a man (　　　　　　)(　　　　　) famous as an artist.
   彼は芸術家として有名になった男性です。

(2) We went to the park (　　　　　)(　　　　　) a lot of cherry trees.　私たちはたくさんの桜の木がある公園に行きました。

(3) The picture (　　　　　)(　　　　　)(　　　　　) shocked many people.　彼の撮った写真は多くの人に衝撃を与えました。

(4) The fruit (　　　　　)(　　　　　) the best is apple.
   彼女がいちばん好きな果物はりんごです。

3 次の 2 つの英文を，関係代名詞を使って 1 つの文にしなさい。

(1) Those flowers are beautiful.　Mary gave them to me.

_____

(2) The man is a famous actor.　He is running in the park.

_____

STEP 3 Daily English ▶STEP 1, 2 で学んだ文法を使った日常会話を読もう！

◆ 日本語に合うよう，（　　）内から適切なものを選びなさい。

A : Look!　These are chocolate cookies ①(who, which) I made yesterday.
   見て！　これは私が昨日作ったチョコレートクッキーなんだ。

B : Wow!　Why did you make them?　わあ！　どうして作ったの？

A : These are a present for a boy ②(who, which) was my classmate last year.　去年のクラスメートの男の子へのプレゼントなんだ。

B : Really?　Will you tell me who he is?　本当？　それがだれか教えてくれる？

17 文型

● 5つの基本的な文型

① **I run**. 　　　　　私は走ります。
　 S　V

② **He looks happy**. 　彼はうれしそうに見えます。
　 S　　V　　C

③ **I have a bike**. 　　私は自転車を持っています。
　 S　 V　　O

④ **She gave me a pen**. 　彼女は私にペンをくれました。
　　 S　　 V　 O　 O

⑤ **We call him Tom**. 　私たちは彼をトムと呼びます。
　　 S　V　 O　　C

★ 英語の文は動詞の性質によって，5つの文型に分けられる。(S＝主語，V＝動詞，O＝目的語，C＝補語)

❶ S＋V：目的語や補語を必要としない動詞(walk，go など)が使われる。

❷ S＋V＋C：補語を必要とする動詞(be-動詞，look，become など)が使われる。名詞や形容詞が補語となり，S＝C の関係が成り立つ。

❸ S＋V＋O：目的語を必要とする動詞(have，like など)が使われる。

❹ S＋V＋O＋O：2つの目的語をとる動詞(give，tell，show など)が使われる。「(人)に(もの・こと)を～する」という意味の文になることが多い。

❺ S＋V＋O＋C：目的語を説明する補語を必要とする動詞(call「…を～と呼ぶ」，make「…を～にする」など)が使われる。O＝C の関係が成り立つ。

STEP 1 ドリル問題　日本語に合うよう，(　　)内から適切なものを選びなさい。

(1) My father bought (I, my, me) a hat. 　　父が私に帽子を買ってくれました。

(2) He (looked, saw, watched) sad. 　　　彼は悲しそうに見えました。

(3) Mr. Mori (gets, is, becomes) a math teacher. 　森先生は数学の先生です。

(4) Her story made (we, our, us) sad. 　　彼女の話は私たちを悲しませました。

(5) We (like, play, have) basketball. 　　　私たちはバスケットボールが好きです。

(6) She (study, studies, studying) every day. 　彼女は毎日勉強します。

(7) The country (am, is, are) between two large countries.

　　　　　　　　　　　　　　　　　　その国は 2 つの大きな国の間にあります。

(8) Will you show (me the photo, the photo me)? 　私にその写真を見せてくれませんか。

(9) She named (Kuro the cat, the cat Kuro). 　彼女はそのネコをクロと名づけました。

STEP 2 Exercises

1 各文がほぼ同じ内容の文になるよう，( )に適語を書きなさい。

(1)
My brother cooked curry for us.
My brother cooked ( ) curry.

(2)
Yoko told the news to them.
Yoko told ( ) the news.

(3)
Mr. Smith is our English teacher.
Mr. Smith teaches ( ) English.

(4)
I was surprised to hear the news.
The news made ( ) surprised.

(5)
There are seven days in a week.
A week ( ) seven days.

(6)
Judy was excited to listen to the song.
The song ( ) Judy excited.

2 日本語に合うよう，( )内の語句を並べかえなさい。

(1) (Ken / they / me / call).
彼らは私をケンと呼びます。

_____ .

(2) (became / my cousin / a teacher) last year.
私のいとこは昨年，教師になりました。

_____ last year.

(3) (me / my father / this desk / made).
父が私にこの机を作ってくれました。

_____ .

Hints

1
(1) 〈S＋cook＋B＋for ＋A〉「SがAにBを料理してやる」は，〈S＋cook＋A＋B〉に書きかえられる。
(2) 〈S＋tell＋B＋to＋A〉「SがAにBを話す」は，〈S＋tell＋A＋B〉に書きかえられる。
(3) 「私たちの英語の先生」ということは「私たちに英語を教える」ということ。

(6) 「その歌がジュディを興奮させた」と考える。

2
(1) 「me＝Ken」の関係。

(2) 「my cousin ＝ a teacher」の関係。

(3) 「SがAにBを作る」は，〈S＋make＋A＋B〉か，〈S＋make＋B＋for＋A〉で表す。

STEP 3 Daily English ▶STEP 1，2 で学んだ文法を使った日常会話を読もう！

◆ 日本語に合うよう，( )内から適切なものを選びなさい。

A: You ①(look, make) sick. Are you OK?　具合が悪そうね。大丈夫？

B: I think I've ②(made, caught) a cold.　風邪をひいたと思う。

A: Take this medicine, and you'll be fine.
この薬を飲みなさい，そうすれば元気になるわよ。

B: Thanks, mom. What? This is for car sickness, isn't it?
ありがとう，お母さん。えっ！ これ，車酔いの薬だよね？　（注）car sickness「車酔い」

18 仮定法

1 仮定法過去

① **If I were** you, **I would** help Miho. 　もし私があなたなら，ミホを手伝うのに。

② **If I had** time, **I could** play with my dog at home.

もし私に時間があれば，家で犬と遊べるのに。

★ 仮定法過去：「もし…なら，〜なのに」と現在の事実に反する〈仮想〉を述べるときは，〈If＋主語
＋(助)動詞の過去形 …，主語＋助動詞の過去形＋動詞の原形〜．〉で表す。

★ if-節と主節は，位置が逆になることもある。

★ if-節内で be-動詞を用いるときは，主語によらず were が好まれる。

STEP 1 ドリル問題　日本語に合うよう，(　)内から適切なものを選びなさい。

(1) If I (am, were) you, I would never say such a thing.

もし私があなたなら，そんなことは決して言わないのに。

(2) If I (had, have) much money, I could travel around the world.

もし私にたくさんのお金があれば，世界中を旅行できるのに。

(3) I (will, would) go to the movie with Jack if he were interested in it.

もしジャックがその映画に興味があるなら，私は彼とそれを見に行くのに。

(4) We (could, should) practice soccer outside if it were sunny today.

もし今日が晴れなら，私たちは外でサッカーを練習できるのに。

2 I wish＋仮定法過去

① **I wish** Judy **were** on our team. 　ジュディが私たちのチームに所属していたらなあ。

② **I wish** I **could** stop time. 　時を止められたらなあ。

★ I wish＋仮定法過去：「…ならなあ」と現在の事実に反する〈願望〉を述べるときは，〈I wish＋
主語＋(助)動詞の過去形 …〉で表す。

STEP 1 ドリル問題　日本語に合うよう，(　)内の語を並べかえなさい。

(1) I (wish / stopped / it) raining right now. 　今すぐに雨が止んだらなあ。

I ＿＿＿＿＿＿＿＿＿＿＿＿＿＿＿＿＿＿＿＿＿ raining right now.

(2) I (liked / wish / Yuta) to play tennis. 　ユウタがテニスをするのが好きだったらなあ。

I ＿＿＿＿＿＿＿＿＿＿＿＿＿＿＿＿＿＿＿＿＿ to play tennis.

(3) I (wish / could / I) drive a car. 　車が運転できたらなあ。

I ＿＿＿＿＿＿＿＿＿＿＿＿＿＿＿＿＿＿＿＿＿ drive a car.

STEP 2 Exercises

Hints

1 日本語に合うよう，（　　）に適語を書きなさい。

(1) If I (　　　　　　　) wrong, I (　　　　　　) apologize.

もし私が間違っていたら，謝るだろう。

(2) I (　　　　　) I (　　　　　　) in New York City.

ニューヨーク市に住んでいたらなあ。

(3) If I (　　　　) speak English well, I (　　　) study abroad.

もし私が英語を上手に話せたら，私は海外留学するのに。

(4) I (　　　　　) there (　　　　　) eight days in a week.

1週間が8日ならなあ。

(5) If Ken (　　　　　) a tablet, I (　　　　　) borrow it.

もしケンがタブレットを持っていたら，私はそれを借りるのに。

2 日本語に合うよう，（　　）内の語句や記号を並べかえなさい。

(1) I would visit the zoo (do / had / if / nothing / I / to).

私に何もすることがなければ，動物園を訪れるのに。

I would visit the zoo _____ .

(2) (better / could / I / I / sing / wish).　もっと上手に歌えたらなあ。

_____ .

(3) If you (could / the work / I / me / helped / finish / ,) sooner.

もしあなたが私を手伝ってくれたら，私はその仕事をより早く終えられるのに。

If you _____ sooner.

(4) (no / we / wish / exams / today / had / I).

今日試験が1つもなかったらなあ。

_____ .

Hints

1
(1) 最初の空所には be-動詞が入る。

(2) 「… に住む」は live in …。

(3) 「話せたら」は「話すことができたら」ということ。

(4) 「…がある[いる]」を表すのはどんな文？

(5) 「…を持っている」を表す動詞は？

2
(1) if-節が文の後半にきている文。

(2) 「歌えたら」は「歌うことができたら」ということ。

(3) if-節が文の前半にくるので，後半の文との間にカンマを置くこと。

(4) not を使わない否定文となる。

STEP 3 Daily English ▶STEP 1, 2 で学んだ文法を使った日常会話を読もう！

◆ 日本語に合うよう，（　　）内から適切なものを選びなさい。

A: I wish Koji ①(be, were) here .... コウジがここにいたらなあ…。

B: Hi, Andy. What's up? こんにちは，アンディ。どうしたの？

A: I'm doing my science homework, but I have some questions about it. If I were good at science, I ②(could, can) solve the questions. 理科の宿題をしているんだけど，いくつか質問があるんだ。僕が理科が得意なら，その質問を解決できるのに。

B: Unfortunately, I'm not good at science, either. 残念だけど，私も理科が苦手だわ。

Reading 1

★ 次の英文は，イギリスにホームステイしているユミ（Yumi）と，ホストファミリーのベス（Beth）との対話文です。これを読んで，あとの問いに答えなさい。

Beth : Yumi, shall we go somewhere in London tomorrow?

Yumi : Of course! Do you have any ideas?

Beth : Well ..., how about *the British Museum?

Yumi : Sounds nice!

5 *Beth* : I've been to the Museum many times. We can go there by tube.

Yumi : Tube?

Beth : "Tube" means the *underground railway in London. <u>We call it the Tube or the Underground.</u>

Yumi : I see. I'm looking forward to the Museum and the Tube.

10 *Beth* : After that, how about going shopping?

Yumi : That's good! Do you know any shops?

Beth : *Camden Town is the best. We can get nice clothes there.

Yumi : How can we get there from the Museum?

Beth : By bus or the Tube.

15 *Yumi* : Then, let's go there by bus. I've wanted to take a *double-decker bus.

Beth : OK. I'll show you how to take it.

(注) ³the British Museum 大英博物館　⁷underground railway 地下鉄
¹²Camden Town カムデン・タウン（ロンドンにある町で，週末にマーケットが開かれる）　¹⁵double-decker bus ２階建てのバス

(1) 下線部と同じ内容の英文になるよう，（　　）に適語を書きなさい。

It (　　　　　　　　　) (　　　　　　　　　　　　) the Tube or the Underground.

(2) 次の英文はユミとベスの翌日の予定をまとめたものです。（　　）に本文中から適語を抜き出して書きなさい。

Yumi and Beth will go from their home to the Museum by (　　　　　　　　　)
and go from the Museum to Camden Town by (　　　　　　　　　).

(3) 本文の内容に合うものを１つ選び，記号で答えなさい。

ア　Yumi doesn't want to go out tomorrow.

イ　Beth has never been to the British Museum before.

ウ　Beth knows how to take a double-decker bus.　　　　　　　　（　　　　）

38

Reading 2

★ 次の英文は、ケン (Ken) が10歳のときに出会ったニック (Nick) について書かれたものです。
これを読んで、あとの問いに答えなさい。

When I was ten, I saw Nick for the first time.　In a park, he was ₁(throw) a ball to the wall alone.　He *noticed I looked at him.　Then he came to me and ₂(say) something.　₃(what / said / I / understand / he / couldn't), but I knew he wanted to *play catch with me.　So I said "OK" to him.

5　We became friends soon.　He was good at playing baseball, so he taught me how to play it.　We didn't talk to each other, but we ₄(understand) well.

One day, I found his glove and (　⑤　) on the bench in the park.　Later I knew it was a letter from him and it said he had to go back to the U.S.　I haven't met him since then.

10　₆The glove is too small for me now, but I still have it.　It's my *treasure.　Now I practice baseball much harder.　Someday I want to see Nick and play it together again.

(注)　²notice 気づく　　⁴play catch キャッチボールをする
　　　¹⁰treasure 宝物

(1)　下線部①, ②, ④の (　　　) 内の語を, それぞれ適する形に書きかえなさい。
　　① (　　　　　　　　　)　② (　　　　　　　　　)　④ (　　　　　　　　　)

(2)　下線部③が「私は彼が何と言ったのかわかりませんでした」という意味になるよう, (　　)
　　内の語を並べかえなさい。
　　────────────────────────────────────

(3)　⑤の (　　) に適する語句を1つ選び, 記号で答えなさい。
　　ア　a bat　　　　　イ　a sheet of paper　　　　ウ　some balls　　　　(　　　)

(4)　下線部⑥の英文を日本語になおして書きなさい。
　　────────────────────────────────────

(5)　次の問いに対する答えを英語で書きなさい。
　　What's Ken's treasure? ─ ─────────────────────────────

(6)　本文の内容に合うものを1つ選び, 記号で答えなさい。
　　ア　Ken and Nick were in the same baseball team.
　　イ　Nick taught baseball to Ken because Nick could play it well.
　　ウ　Ken and Nick talked a lot and understood each other.　　　　(　　　)

動詞の不規則変化

★ 例 にならって，空所に動詞の正しい形を書きなさい。

原形／意味	過去形	過去分詞形	～ing 形
例 begin （始まる）	例 began	例 begun	例 beginning
break （こわす）			breaking
bring （持ってくる）		brought	
build （建てる）	built		
buy （買う）			buying
catch （捕まえる）	caught		
come （来る）			coming
do （する）			doing
eat （食べる）		eaten	
feel （感じる）		felt	
find （見つける）	found		
fly （飛ぶ）			flying
get （得る）	got		
give （与える）			giving
go （行く）			going
have （持っている）	had		
keep （持ち続ける）		kept	
know （知っている）			knowing
make （作る）		made	
meet （会う）	met		
read （読む）			reading
run （走る）		run	
say （言う）	said		
see （見る）			seeing
sell （売る）		sold	
send （送る）	sent		
speak （話す）			speaking
take （持っていく）	took		
teach （教える）		taught	
tell （言う）			telling
think （考える）	thought		
write （書く）	wrote		